Walther Moreira Santos
autor e ilustrador

Pela manhã parte o trem

Prêmio Casa de Cultura Mário Quintana 2005 (Menção Honrosa)

Prêmio UNIVAP 2001

Prêmio 31º Jogos Florais de Nossa Senhora do Carmo/Portugal (Menção Honrosa)

Paulinas

Dados Internacionais de Catalogação na Publicação (CIP)
(Câmara Brasileira do Livro, SP, Brasil)

Moreira Santos, Walther
    Pela manhã parte o trem / Walther Moreira Santos ; ilustrações do autor. — São Paulo : Paulinas, 2009. — (Coleção re-ver)

  ISBN 978-85-356-2519-6

  1. Literatura infantojuvenil   I. Título.   II. Série.

09-12643   CDD-028.5

Índices para catálogo sistemático:
  1. Literatura infantil   028.5
  2. Literatura infantojuvenil   028.5

1ª edição – 2010

Direção-geral: *Flávia Reginatto*
Editora responsável: *Maria Alexandre de Oliveira*
Assistente de edição: *Rosane Aparecida da Silva*
Coordenação de revisão: *Marina Mendonça*
Copidesque: *Mônica Elaine G. S. da Costa*
Revisão: *Ana Cecilia Mari*
Direção de arte: *Irma Cipriani*
Gerente de produção: *Felício Calegaro Neto*
Produção de arte: *Telma Custódio*

Nenhuma parte desta obra poderá ser reproduzida ou transmitida por qualquer forma e/ou quaisquer meios (eletrônico ou mecânico, incluindo fotocópia e gravação) ou arquivada em qualquer sistema ou banco de dados sem permissão escrita da Editora. Direitos reservados.

Paulinas
Rua Dona Inácia Uchoa, 62
04110-020 – São Paulo – SP (Brasil)
Tel.: (11) 2125-3500
http://www.paulinas.org.br – editora@paulinas.com.br
Telemarketing e SAC: 0800-7010081
© Pia Sociedade Filhas de São Paulo – São Paulo, 2010

*Para Helena Oleron e Ricardo Martins,
com gratidão e afeto.*

Quando eu era menino, ficava horas no quintal de minha casa, descobrindo pequenos insetos como lagartas, formigas, borboletas e outros cujos nomes nem sabia. Então, ia inventando nomes para eles, como bicho serra-pau, joaninha-sem-gracinha e sua irmã, a joaninha-enjoada, monstro-cara-de-limão, monstro-do-tomateiro, mosquito-cara-de-bode e outros.

Videogame, computador, internet... Você pensa que tudo isso existia? Que nada! E para falar a verdade, ninguém sentia falta dessas coisas.

Os nomes que eu ia inventando tinham sua razão de ser, porque havia uns insetos bastante esquisitos, com aparência de monstros. Ainda bem que eram pequenos, e armado com um pedaço de graveto, quem era que tinha medo deles?

Uma manhã, enquanto eu fazia expedição pelo mundo dos insetos e minha mãe colocava a roupa para secar no varal, encontrei um melão escondido entre as folhagens.

Amarelo, liso, redondo – sem dúvida, o mais belo melão que já eu tinha visto em toda a minha vida de garoto fuçador dos pequenos tesouros, da pequena selva do próprio quintal.

Pois bem: foi só eu encontrar o melão "selvagem", para ouvir a voz de mamãe atrás de mim.

– Deixe este melão crescer em paz, Artur, que ele pertence a dona Clara! – disse mamãe.

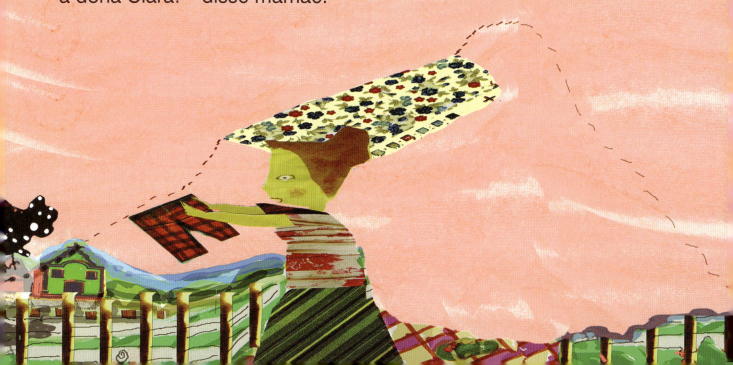

Dona Clara era nossa vizinha, e de clara não tinha nada. Era uma mulher que morava sozinha e não falava com ninguém. Quando um gato passava no quintal dela, coitado! Pois dona Clara corria atrás do pobre com vassoura, balde, panela, e atirava no bichano o que estivesse na mão. (Pensando bem, ela poderia se chamar dona Chica.) Alguns meninos da rua diziam que até bruxaria dona Clara fazia. Mas talvez fosse só uma pessoa infeliz, porque não tinha marido, filhos, amigos, ou pelo menos um cachorro, sei lá. O fato é que ela inspirava medo nas pessoas e parecia gostar disso. E aqueles vestidos negros que usava só pioravam as coisas.

Eu não achava justo um melão dado em nosso quintal pertencer a dona Clara, mas o fato é que o danado do fruto nascera no quintal dela, atravessara a cerca de ripas que havia entre os quintais e viera brotar no MEU quintal – talvez, quem sabe, fugindo de dona Clara, como os cães e os gatos faziam.

Todo dia eu ia lá ver se o melão estava pronto para ser colhido... Mas aquele melão, meu Deus, não crescia!

– É claro que ele está crescendo, Artur, igual a você, meu filho. Todo dia vocês dois crescem um pouquinho, mas isso acontece de modo tão devagar, que não dá para perceber – mamãe explicou.

"Tudo bem", eu pensei, "vou esperar mais um pouco." Me despedi do melão e fui para a escola, todo feliz por ser quase proprietário do melão mais bonito que já tinha existido. É sempre emocionante acompanhar o desenvolvimento de algo vivo, ver de perto os milagres da natureza. Não era à toa que minha matéria preferida na escola era Ciências.

De tarde, quando terminou a aula, achei estranho meu pai não ter aparecido para me pegar.

Ele era professor de História, trabalhava praticamente o dia inteiro, mas sempre ia me buscar, à tarde, quando minha aula acabava. E no caminho de volta para casa, ele sempre me perguntava o que eu tinha aprendido naquele dia, explicava as coisas que eu não havia compreendido e, às vezes, até parávamos na sorveteria, onde eu pedia o sabor chocolate com menta e ele, salada de frutas com sorvete de creme.

— Olha só, Artur, a cada dia o seu cabelo fica cada vez mais cor de caramelo! – meu pai dizia, e nesses momentos eu ficava calado, mas adorava ouvir aquilo. Quem não queria ter cabelos cor de caramelo? Soava tão bonito!

Bom, agora papai não estava em parte alguma.

Chegando em casa, encontrei minha tia Júlia conversando com mamãe, baixinho.

— Cadê meu pai? – perguntei.

— Ele teve que viajar, Artur – respondeu mamãe.

Sabe, para falar a verdade, eu achei estranho papai viajar assim de repente, sem se despedir de mim, mas se mamãe estava dizendo que ele tinha viajado, acreditei. Daí corri para o quintal e fui olhar como "meu" melão estava passando.

De noite, durante o jantar, foi muito difícil sentir a falta de papai, ver sua cadeira vazia. Mamãe não comeu nada.

– A senhora está triste por que papai viajou? – perguntei de supetão.

Ela me disse que estava tudo bem e que de manhã bem cedo eu e ela viajaríamos também, tomaríamos o primeiro trem para a capital.

De repente eu fiquei todo contente com aquela novidade, porque eu adorava trens – muito mais que melões! E nunca tinha viajado em um deles. Naquele momento nem passou por minha cabeça o quanto era esquisito viajar assim de repente, pois nem era tempo de férias nem nada. Mas eu só conseguia pensar na alegria que seria tomar o trem pela manhã.

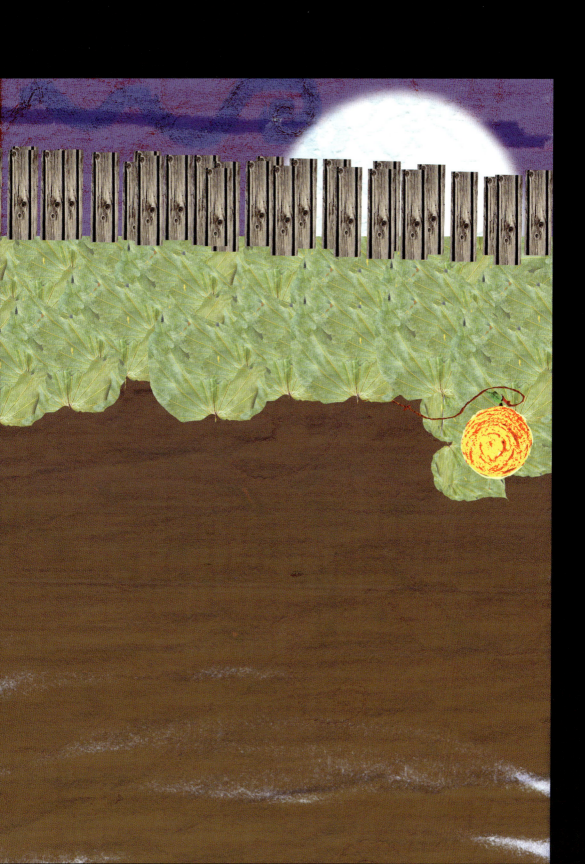

Mal consegui pregar o olho. De manhã, logo cedinho, enquanto mamãe se arrumava, tive uma ideia.

Peguei uma faca, fui até o melão e *zás*! Tirei uma parte do melão, coloquei embaixo da camisa e voltei para dentro de casa bem depressa, com medo de dona Clara ver e me fulminar com um feitiço.

No trem, mamãe acabou descobrindo tudo e ralhou comigo. Eu expliquei a ela:

– Mas, mãe, a senhora não disse que o melão ia continuar crescendo? Quando ele crescer, vai tapar o corte que eu fiz e dona Clara não vai notar nada!

Quando escutou aquilo, mamãe acabou sorrindo de minha ingenuidade de criança. Mas não era o seu sorriso de sempre: largo e brilhante. Era um sorriso pela metade. Um sorriso meio triste. Naquele momento eu não notei isso, só mais tarde, quando cresci.

Naquela hora eu estava todo agitado, vendo as pessoas entrarem no trem com sacolas, caixas, sacos – e até mesmo galinhas!

Um cego tocava uma música muito triste num acordeão, mas eu nem me importava com aquilo, pois estava era feliz com toda aquela agitação a minha volta e o trem seguindo preguiçosamente, enquanto o Sol se levantava lindo no horizonte.

Tudo isso se passou em 1970. Foi uma época muito difícil para o Brasil, pois era tempo do Governo Militar. Naquele período, as pessoas poderiam ser presas a qualquer momento, mesmo que não tivessem feito nada, e não adiantava arrumar advogado. Às vezes, os presos eram torturados e até mesmo mortos dentro das prisões – lá os militares faziam o que bem entendiam. Já fora das prisões, era o contrário: ninguém podia protestar, escrever ou cantar a música que quisesse. Não havia liberdade para nada.

A fim de me poupar, mamãe dissera que meu pai estava viajando. A verdade é que ele tinha sido preso e depois fora mandado embora do país. Fomos morar, mamãe e eu, com minha avó, na capital. E nunca mais ouvi meu pai dizer que meu cabelo era cor de caramelo. Foi um período muito duro para todos nós.

Eu nunca mais voltaria para minha cidade natal. Deixamos nossa casa, também. Depois eu soube por quê: mamãe precisou vendê-la para ajudar meu pai a sair da pátria que ele tanto amava. Nunca mais eu veria brotar melões em meu quintal ou viajaria naqueles trens cheios de galinhas e gente humilde, como são os trens que cruzam as cidades do interior do Brasil.

Durante muitos anos, com meu pai eu só falava por carta e, às vezes, por telefone. Ele sempre dizia que estava perto o dia em que poderia voltar ao Brasil e que era para eu aguentar firme, pois, no futuro, aquele nosso esforço faria do Brasil um país livre e muito melhor.

Às vezes, quando estava sozinho, eu chorava de saudade. Principalmente quando me lembrava do tempo de antes, quando éramos felizes e eu nem sabia.

Papai sempre pedia a minha mãe que tirasse fotos minhas e as enviasse pelo correio, para a França, que era onde ele estava morando. Um país que tinha passado também por períodos muito difíceis, mas onde felizmente houvera pessoas que lutaram pela liberdade, pela fraternidade e pela igualdade, e agora era um belo país e um ótimo lugar para se viver.

Quando posava para as fotos, eu fazia um grande esforço para parecer forte, pois queria que papai não se preocupasse comigo.

"Seja forte, meu filho, e tenha esperanças que tudo isso vai passar e um dia nós estaremos juntos de novo, para tomarmos sorvete e jogarmos bastante conversa fora", ele escreveu, nas costas de um cartão que mostrava a cidade de Paris coberta por neve. Era tempo de Natal na paisagem do cartão-postal e no Brasil. Mas aqui não havia alegria nenhuma. O pessoal do Governo Militar mandou gravar um musiquinha alegre, para ver se animava o povo – como se o povo fosse idiota!

Quem queria saber da musiquinha alegre dos militares, tocando o tempo todo nas rádios e tevês, dizendo que estava tudo bem no Brasil? Eu queria meu pai de volta, isso sim!

Eu notava que ele fazia de tudo para nos consolar e pensava que, para ele, também estava sendo muito difícil, porque pelo menos eu tinha minha mãe, minha avó e os novos amigos que fizera na escola, mas lá na França papai não tinha ninguém.

Vários anos se passaram. Então, um dia encontrei minha mãe e minha avó abraçadas, na cozinha, chorando. Meu coração deu um pulo. Mas logo se aquietou, porque pude notar que, apesar das lágrimas, minha mãe estava sorrindo, sorrindo como antes de todo aquele tempo sinistro.

– Venha cá, Artur. Aconteceu uma coisa maravilhosa, meu filho. Seu pai finalmente vai poder voltar para casa.

Quando ouvi aquilo, fiquei mudo de espanto, depois saí para o quintal, para chorar de alegria. Eu estava tão feliz, que tinha vontade de gritar!

Meu pai estava voltando para casa! Puxa, era tão bom, que eu nem acreditava.

Uma semana se passou (para mim demorou um mês), até que, numa tarde de chuva, minha mãe chamou um táxi e fomos para o aeroporto.

Eu só conseguia pensar numa coisa: "Não chora de jeito nenhum, Artur, que você agora já é um rapaz e não vai querer que seu pai o veja chorando como um garotinho".

No aeroporto, quando, finalmente, uma voz de mulher anunciou pelos autofalantes que o voo de papai tinha chegado, senti minhas pernas meio bambas e meu coração bateu tão forte, que pensei que fosse desmaiar. Em minha mente eu continuava a repetir: "Não chora, Artur, não chora!".

As pessoas começaram a surgir na sala de desembarque. Mamãe foi a primeira a descobri-lo. Lá estava meu pai: mais magro, de barba, e com muitos fios de cabelo embranquecidos, que eu nunca tinha visto. Mas era ele.

Nesse momento, minha mãe tirou os óculos para enxugar as lágrimas, que rolavam em abundância pelo seu rosto.

Eu consegui me segurar. Mas, quando aquele homem veio correndo até nós e nos abraçamos, os três, e eu pude sentir sua barba arranhar meu rosto, não aguentei e explodi em lágrimas de felicidade. Papai também chorava.

E foi bom eu ter chorado, porque descobri que meu pai tinha razão. Após todo aquele período difícil, vi que tinha acontecido um milagre: o país estava mesmo melhor, e o mundo, muito, muito mais bonito.